CATALOGUE

DE

LIVRES ANCIENS

ET MODERNES

DE LA

BIBLIOTHÈQUE D'UN AMATEUR

DONT LA VENTE AURA LIEU

Le Samedi 21 Avril 1883

A SEPT HEURES ET DEMIE DU SOIR

RUE DES BONS-ENFANTS, 28 (MAISON SILVESTRE)

Salle n° 1

Par le ministère de M° Maurice DELESTRE, commissaire-priseur,

RUE DROUOT, 27

Assisté de M. Em. PAUL, gérant de la librairie Vve Adolphe Labitte.

---

10. Rome souterraine. — 22. Champfleury. Les Chats. — 30. Iconographie des Estampes. — 31. Salon de 1879 illustré. — 42. Delepierre. Macaronéana. — 76. Parny — 101. Lucréce. — 108 et 109. Batacchi. — 112. Manganello. — 114. Quattro novelle. — 120. La Zaffetta. — 125. Cham, Juif Errant. — 151. Meibomius. — 155. Pétrone. — 156. Alcibiade fanciullo. — 161. Betussi. — 162. La Cazzaria. — 166. Leone medico. — 169. Paradossi. — 176. Ortelius. Theatrum. — 200. Visconti. Iconographie grecque et romaine, etc., etc.

PARIS

Vve ADOLPHE LABITTE

LIBRAIRE DE LA BIBLIOTHÈQUE NATIONALE

4, RUE DE LILLE, 4

—

1883

CONDITIONS DE LA VENTE

La vente se fait expressément au comptant.

Les acquéreurs paieront 5 p. 100 en sus des enchères, applicables aux frais.

Il y aura exposition le jour de la vente, de 2 à 4 heures, des livres qui seront vendus le soir.

Les livres devront être collationnés dans les vingt-quatre heures de l'adjudication. Passé ce délai, ou une fois sortis de la salle de vente, ils ne seront repris pour aucune cause.

M. Em. PAUL, gérant de la librairie Vve Adolphe Labitte, chargé de la vente, remplira les commissions des personnes qui ne pourraient y assister.

CATALOGUE

DE

LIVRES ANCIENS

ET MODERNES

DE LA

BIBLIOTHÈQUE D'UN AMATEUR

THÉOLOGIE. — MORALE

1. Biblia sacra vulgatæ editionis Sixti V et Clementis VIII auctoritate recognita. *Parisiis, Vitré,* 1666, in-4, mar. noir.

2. Boué de Villers. La Normandie superstitieuse. *Paris, Le Chevalier,* 1870, in-18, figure, br.

3. Du Culte des dieux fétiches (par le président de Brosses). *S. l.,* 1740, in-12, rel. v. fauve.

4. Urbain Grandier. Traité du Célibat des prêtres, avec notes de Luzarche. *Paris, Pincebourde,* 1866, in-12. figure, br.

   Rare.

5. Le Livre de l'Internelle Consolation. Première version française de l'Imitation avec notes de Moland et d'Héricault. *Paris, Jannet,* 1856, in-12, cart. toile rouge.

6. Michelet. Le Prêtre, la Femme et la Famille. *Paris, Chamerot,* 1861, in-12, br.

7. Michelet et Quinet. Les Jésuites. *Paris, Hachette,* 1843, in-8, demi-rel. mar. noir.

8. Petit traité contre l'abominable vice de paillardise et adultère, par G. Le Fault. *La Haye, Meuris*, 1629 (*Lille*, 1868), in-12, br.

> *Rare.*

9. Renoult. Les Aventures galantes de la Madone avec ses dévots. *Paris*, 1882, 1 vol. in-18, br.

10. Rome souterraine. Résumé des découvertes de M. de' Rossi dans les Catacombes romaines, par J. Spencer Northcote et Brownlow, trad. par Allard. *Paris, Didier*, 1872, gr. in-8, 20 planches chromol. et plan, br.

11. Sextum et novum Decalogi præceptum. *Lugduni, Gugot*, 1833, in-18, demi-rel. mar. noir.

12. Sinistrari d'Ameno. De la Démonialité et des Animaux incubes et succubes, 2ᵉ édition. *Paris, Liseux*, 1876. — De sodomiâ tractatus in quo exponitur... de sodomiâ fœminarum... *Parisiis, Liseux*, 1879.—Ensemble 2 vol. in-18, br.

13. Charron. De la Sagesse, trois livres. *Paris, Barrois*, 1784, 2 vol. in-18, rel. v. gr.

14. Confucius. Pensées morales, 1 vol. — Mahomet. Les lois morales, religieuses et civiles, 2 vol. — Manou. Les lois religieuses, morales et civiles, 1 vol. — *Paris, Lecou*, 1850-51, 4 vol. in-18, demi-rel. mar. violet.

15. Damhouderius. Praxis rerum criminalium. *Antwerpiæ, Bellerus*, 1562, in-4, figures sur bois, vél. bl. (manque la dernière page de la table).

16. Les Mœurs (par Toussaint). *S. l.*, 1748, in-12, v. marb.

17. Montaigne. Les Essais. *Paris, Didot*, 1802, 4 vol. in-8, rel. v. fauve, fil.

18. Les Veillées du Tasse, avec le texte italien, précédées de mémoires et de recherches sur sa vie, traduites par Barère. *Paris, Crapelet, an XIII* (1804), in-16, 4 gravures de Myris, gravées par Saint-Aubin, Baquoy et Delvaux, demi-rel. v. fauve.

MÉDECINE. — HISTOIRE NATURELLE

19. Garnier. Le Mariage dans ses devoirs : ses rapports et ses effets conjugaux. *Paris*, 1879, fig. — Seraine. De la santé des gens mariés. *Paris*, *Savy*, 1865. — Ensemble 2 vol. in-18, brochés.

20. Gerdy. Études sur les eaux d'Uriage. *Paris*, *Labé*, 1849, fig. in-8.

21. Boitard. Entomologie, ou Histoire naturelle des Insectes. *Paris*, *Roret*, 1843, 3 vol. in-18, demi-rel. mar. La Vallière et atlas de 110 pl. coloriées, cartonné.

22. Champfleury. Les Chats. *Paris*, *Rothschild*, 1869, in-18, 52 dessins de Delacroix, Viollet-le-Duc, Manet, etc. br.

> Première édition illustrée, *très rare*.

23. Lacordaire. Introduction à l'Entomologie. *Paris*, *Roret*, 1838, 2 vol. in-8, br. et album cartonné de 24 planches coloriées.

24. Renault. Recherches sur les végétaux silicifiés. Autun et Saint-Étienne. *Autun*, *Dejussieu*, 1878, in-8, nombreuses pl. gravées, br.

BEAUX-ARTS. — MUSIQUE

25. Demmin. Guide de l'amateur des faïences et des porcelaines. *Paris*, *Renouard*, 1867, 2 vol. in-12, portrait, fig. et monogrammes, demi-rel. mar. violet.

26. Lacroix et Séré. Histoire de l'Orfèvrerie, Joaillerie des

anciennes communautés d'orfèvres joailliers de la France
et de la Belgique. *Paris, Séré,* 1850, gr. in-8, fig. et chromol.
demi-rel. v. rouge.

27. Mareschal. Iconographie de la faïence. Dictionnaire
illustré de planches en couleurs, noms et marques. *Paris,
Delaroque,* 1875, in-8 carré, broché.

28. Audran. Les Proportions du corps humain mesurées sur
les plus belles figures de l'antiquité. *Paris, Chéreau,* 1785,
in-fol. planches, demi-rel. v. gris.

29. Jean Cousin. L'Art du dessin démontré. *Paris, Jean. s. d.,*
in-fol. 24 planches.

30. Iconographie des estampes à sujet galant et des portraits
de femmes célèbres par leur beauté, par le comte d'I*** (le
duc d'Otrante'. *Genève, Gay,* 1868, in-8, demi-rel. mar.
orange poli, tête dorée, non rogné. (*Amand.*)

31. Salon de 1879. Catalogue illustré. *Paris, Baschet,* 1879,
in-8, papier teinté, figures.

Première édition très rare.

32. Siret (Adolphe). Dictionnaire historique des peintres de
toutes les écoles, précédé d'un abrégé de l'histoire de la
peinture. *Paris, Delahays,* 1857, in-4, demi-rel. mar. vert.

33. Thomassin. Recueil des statues, groupes, etc., du château
et parc de Versailles. *La Haye, Alberts,* 1724, in-4, frontispice, 228 planches et plans, v. marb.

34. La Clé du Caveau, à l'usage de tous les chansonniers
français, etc., par C***. du Caveau moderne. *Paris, Capelle
et Renaud,* 1811, in-8 obl. mar. vert, fil. et dent.

35. Fétis. Traité complet de la théorie et de la pratique de
l'harmonie, 6ᵉ éd. *Paris, Brandus,* 1858, gr. in-8, br.

36. Gantez (le sʳ Anibal). L'Entretien des musiciens, publié
d'après l'édit. d'Auxerre, 1643, avec notes de Thoineau.
Paris, Claudin, 1878, pet. in-8, frontispice à l'eau-forte,
broché.

37. Grétry. Richard Cœur-de-Lion. Partition piano et chant.
Bruxelles, Lauweryns, gr. in-8, br.

38. Pessard. Joyeusetés de bonne compagnie. *Paris, Leduc*, 1873, in-8, front. br.

39. Massé. La Mule de Pédro. Partition piano et chant. *Paris, Legouix*, gr. in-8, br.

40. Verdi. Le Bal masqué. Partition piano et chant. *Paris, Escudier*, gr. in-8, cart.

BELLES-LETTRES

---

41. Clément de Ris. Portraits à la plume. *Paris, Didier*, 1853, in-8, br.

42. Delepierre (Octave). Macaronéana, ou Mélanges de littérature macaronique des différents peuples de l'Europe. *Paris, Crapelet*, 1852, in-8, demi-rel. mar. orange, tr. peigne.
    Rare.

43. — Histoire littéraire des Fous. *London, Trübner*, 1860, in-8, demi-rel. mar. brun, tr. dorées.
    Rare.

44. Dinaux (Arthur). Les Sociétés badines, bachiques, chantantes et littéraires, leur histoire et leurs travaux. *Paris, Bachelin*, 1867, 2 vol. in-8, portrait, br.

45. Louis Racine. Correspondance littéraire inédite. *Paris, Potier*, 1858, in-8, pap. de Hollande, br.

46. Rigaud. Dictionnaire du jargon parisien. *Paris, Ollendorf*, 1878, in-24, papier teinté, br.

47. Vocabolario portatile per agevolare la lettura dei poeti italiani. *Parigi, Prault*, 1768, in-18, v. éc. fil. tr. dorées.

48. La Fontaine. Nouvelles Œuvres diverses et Poésies de Maucroix. *Paris, Nepveu*, 1820, in-8, figures, demi-rel. v. fauve, non rogné.

49. Michel de l'Hospital. Harangues. *Paris, Boulland*, 1825, 2 vol. in-8, portrait, v. granit.

50. Ménagiana, ou les bons mots et remarques critiques, historiques et d'érudition de M. Ménage, 3ᵉ éd. *Paris, Delaulne*, 1715, 4 vol. in-12, v. br.

Édition recherchée.

51. Montesquieu. OEuvres complètes. *Amsterdam, Arkstée et Merkus*, 1758, 3 vol. in-4, cartes, v. éc. fil.

52. Timon. Études sur les orateurs parlementaires, 2ᵒ éd. *Paris, Pagnerre*, 1837, in-24, portraits, demi-rel. v. br.

THÉÂTRE

53. Balzac (H. de). Théâtre. *Paris, Lecou, s. d.*, in-18, demi-rel. mar. La Vallière.

54. Blessebois (Corneille). Théâtre. *Paris, Jouaust*, 1864, in-18, papier vergé, br.

55. Ducis. OEuvres. *Paris, Nepveu*, 1826, 4 vol. in-8, demi-rel. v. fauve.

56. Guizot. Ménandre, étude sur la comédie et la société grecques. *Paris, Didier*, 1855, in-8, portrait, demi-rel. bas. viol.

57. Magnin (Ch.). Les Origines du théâtre antique et du théâtre moderne. *Paris, Eudes*, 1872, in-8, br.

58. Méry. Théâtre du salon. *Paris, Lévy frères*, 1861, in-18, broché.

59. Monselet (Ch.). Les Premières Représentations célèbres. *Paris, Faure*, 1867, in-18, br.

60. De Montchamp. Les Reines de la rampe. *Paris, Cournol*, 1863, 1 vol. in-18, br.

61. Royer (Alph.). Histoire de l'Opéra. *Paris, Bachelin*, 1875, 1 vol. in-8, 12 eaux-fortes, broché.

62. Les Soirées parisiennes, par un Monsieur de l'orchestre. *Paris, Dentu*, 1877, in-18, figures, br.

63. Guarini. Il Pastor fido. *Parigi, Prault*, 1766, in-12, frontispice, mar. rouge, fil. tr. dor.

64. (Machiavelli). Due Commedie e una novella del segretario Fiorentino. *Trajetto, Van de Water*, 1733, in-18, frontispice, v. fauve, tr. dor.

65. Tasso. Aminta, favola pastorale. *Orléans, Jacob*, 1785. — Algarotti. Il Congresso di Citera. In-18, v. porph. fil. tr. dor.

66. Terentio latino commentato da Fabrini da Fighino. *Venetia Sessa*, 1548, 1 vol. in-4. rel. mar. citron, fil. tr. dorées. (*Reliure ancienne.*)

POÉSIE

POÈTES FRANÇAIS

67. H. Baude. Les Vers de Me Henri Baude, poète du xve siècle, publiés par Quicherat. *Paris, Aubry*, 1866, in-8, cart. toile br.

68. Remy Belleau. Œuvres complètes avec notes de Gouverneur. *Paris, Franck*, 1867, 3 vol. in-12, cart. toile rouge.

Épuisé, rare.

69. Roger de Collerye. Œuvres, avec notes de Ch. d'Héricault. *Paris, Jannet*, 1855, in-16, cart. toile rouge.

70. Coppée. Théâtre, 1869. *Paris, Lemerre*, 1872-79, 2 vol. — Poésies, 1864. *Paris, Lemerre*, 1874-79, 3 vol. — Ensemble 5 vol. in-16, portrait, brochés.

71. Coquillart. Œuvres, avec notes de Ch. d'Héricault. *Paris, Jannet*, 1857, 2 vol. in-12, cart. toile rouge.

72. (Dorat.) Mes Fantaisies. *Paris, Delalain*, 1770, in-8, vignette, mar. brun, tr. dor.

73. Glatigny (Albert). Poésies complètes. *Paris, Lemerre*, 1879, in-16, portrait, br.

74. André Lemoyne. Poésies, 1855-70. *Paris, Lemerre*, 1871. in-16, portrait, br.

75. Melin de Saint-Gelays. Œuvres complètes, avec notes de
P. Blanchemain. *Paris, Daffis*, 1873, 3 vol. in-12, cart. toile
rouge.

> Épuisé.

76. Parny. Œuvres complètes. *Bruxelles, Laurent*, 1830, 2 vol.
in-32, v. marbré, fil.

> Édition bijou, rare.

77. Desportes. Œuvres, avec notes de Michiels. *Paris, Delahays*,
1858, in-12, frontispice, cart. toile verte.

78. Racan. Œuvres complètes, avec notes d'A. de Latour.
Paris, Jannet, 1858, 2 vol. in-12, cart. toile rouge.

79. Ronsard. Œuvres inédites, publiées par P. Blanchemain.
Paris, Aubry, 1855, 1 vol. in-8, portrait, cart. toile.

80. Saint-Amand. Œuvres complètes, avec notes de Levet.
Paris, Jannet, 1855-56, 2 vol. in-16, cart. toile rouge.

81. Sénecé. Œuvres choisies et œuvres posthumes, avec notes
de E. Charles et A. Cap. *Paris, Jannet*, 1855, 2 vol. in-16,
cart. toile rouge.

82. Soulary. Sonnets. — Poèmes et poésies, 1847-71. *Paris,
Lemerre*, 1871, in-18, portrait, br.

83. Théophile. Œuvres complètes, avec notes d'Alleaume.
Paris, Jannet, 1856, 2 vol. in-16, cart. toile rouge.

---

84. P. Corneille. L'Imitation de Jésus-Christ. *Paris, Ballard*,
1670, 1 vol. in-12, frontispice, v. br. tr. dor.

85. Le Roman de Dolopathos, publié par C. Brunet et A. de
Montaiglon. *Paris, Jannet*, 1856, in-12, cart. toile rouge.

86. Floire et Blanceflor. Poèmes du XIIIᵉ siècle, avec notes
de E. Du Méril. *Paris, Jannet*, 1856, 1 vol. in-12, cart. toile
rouge.

87. Gaucher. Le Plaisir des champs, avec la vénerie, volerie
et pescherie, poème en 4 parties, avec notes de P. Blanchemain. *Paris, Franck*, 1869, in-12, cart. toile rouge.

88. Gérard de Rossillon. Chanson de geste, publiée par F. Mistral. *Paris, Jannet*, 1856, in-12, cart. toile rouge.

89. Hervé. Le Panthéon et le Temple des Oracles. *Paris, Jannet*, 1858, in-12, cart. toile rouge.

90. Michel de Marolles. Le Livre des peintres et graveurs, avec notes de Ch. Du Plessis. *Paris, Jannet*, 1855, in-12, cart. toile rouge.

---

91. Agrippa d'Aubigné. Les Tragiques, avec notes de L. Lalanne. *Paris, Jannet*, 1857, in-12, cart. toile rouge.

92. Chabre. Boutades sur l'amour et le mariage. *Paris, Lemerre*, 1866, in-18, broché.

93. Les Courriers de la Fronde, en vers burlesques (par Saint-Jullien), avec notes de C. Moreau. *Paris, Jannet*, 1857, 2 vol. in-12, cart. toile rouge.

94. Frère Jean. Du Neuf et du Vieux. *Bruxelles, Blanche*, 1873, 1 vol. in-12, frontispice, br.

95. Fabliaux et Contes des XIIe et XIIIe siècles, trad. ou extraits d'après divers manuscrits du temps (par Le Grand d'Aussy). *Paris, Onfroy*, 1779-1781, 4 vol. in-8, vignettes, v. marb.

96. La Fontaine. Contes et Nouvelles, précédés de l'histoire de J. de La Fontaine, par M. Marais. *Paris, Delahays*, 1858, in-12, cart. toile verte.

97. Lequeux de Saint-Hilaire. Le Livre des cent ballades. *Paris, Maillet*, 1868, in-8, pap. vergé, broché.

98. Laïs et Phryné, poème en quatre chants. *Londres, Panckoucke*, 1767, in-8, v. marb.

99. Scarron. Virgile travesti, en vers burlesques, avec notes de Fournil. *Paris, Delahays*, 1858, in-12, cart. toile verte.

100. Aurélien Scholl. Denise, historiette bourgeoise. *Paris, Dreyfus*, 1878, in-32, br.

Très rare.

POÈTES LATINS ET ITALIENS

101. Lucrèce. De la Nature des choses, texte et traduction de
de La Grange. *Paris, Bleuet*, 1768, 2 vol. in-8, papier de
Hollande, figures de Gravelot, v. éc. fil. tr. dor.

102. Ovidio Nasone. Le Metamorfosi, tradotti da G. dell'
Anguillara. *Venetia, Giunti*, 1584, in-4, figures sur bois, v.
fauve.

103. Poetæ Latini minores. *Glascuæ, Foulis*, 1752, in-12, v.
fauve, fil. tr. dor.

104. Roilleti Claudii Belnensis varia Poemata. *Parisiis, Julianus*, 1556, in-12, rel. v. fauve.

   Rare.

105. — Actæon Gallicus, super apotheosi Caroli IX. *Parisiis,
Julianus*, 1575, v. grenat.

106. Virgilii Maronis Opera, cum integris commentariis. *Leowardiæ, Halma*, 1717. 2 vol. in-4, figures, cartes et vignettes, v. rose, dent.

---

107. Ariosto. Delle Satire e Rime libri duo. *Londra, Pickard*,
1716, in-12, v. fauve, fil. tr. dor.

108. (Batacchi.) La Rete di Vulcano, poema eroicomico, del
monaco Beda Ticchi. *Siena, Bocconi*, 1779, 2 vol. in-12,
demi-rel. vélin bl.

   Grand papier vélin, rare.

109. — Il Zibaldoni, poemetto burlesco. *S. l.*, 1805, in-12,
demi-rel. v. br.

   Rare.

110. Berni, Casa, Moro, etc. Opere burlesche, Iᵉ, IIᵉ, IIIᵉ
libro. *Uscht al Rino, Brædelet*, 1771, 3 vol. in-8, portraits,
vél. bl.

   Édition recherchée.

111. Colombo. Il Fodero, o sia il jus sulle spose degli antichi
signori. *Parigi, Molini*, 1788, v. éc. dent. tr. dor.

112. Il Manganello. *Paris, Jouaust,* 1860, in-12, cart. toile,
non rogné.

    Rare.

113. Partenio Etiro (anagr. de Pietro Aretino). La Sirena,
Marfisa e Angelica. *Venetia, Ginammi,* 1630, in-18, mar.
citron, fil. tr. dor. (*Rel. ancienne.*)

114. Quattro Novelle scelte. *Cosmopoli,* 1865 (*Bruxelles, Briart*),
in-12, cart. toile, non rogné.

    Rare.

115. Sacchetti. La Battaglia delle Vecchie con le Giovanne,
canti dui. *Imola,* 1819, in-12, cart. toile, non rogné.

116. Stopini Magistri (Cesare Orsini). Capriccia Macaronica.
Venezia, 1670, in-24, cart. toile. bl. non rogné.

117. Tansillo. Il Vendemmiatore. — Franco. La Priapeia.
Peking, nel xviii° *secolo,* in-12, v. rac. filet.

118. Tasso. La Gierusalemme liberata. *Glascuæ, Foulis,* 1763,
2 vol. in-18, v. marb. dent. tr. dor.

    Portrait et gravures de Séb. Le Clerc.

119. Tractato del Prete colle Monache. *Parigi, Crapelet,* 1840,
in-8, gothique, vignette sur bois.

    Exempl. sur papier bleu.

120. La Zeffetta (de Lor. Veniero). *Paris, Jouaust,* 1861, in-12,
pap. de Hollande, cart. toile, non rogné.

    Rare.

FICTIONS EN PROSE. — ROMANS

121. Jean d'Arras. Mélusine, avec notes de Ch. Brunet. *Paris,
Jannet,* 1854, in-12, cart. toile rouge.

122. Les Aventures de Don Juan de Vargas, trad. par Ch. Na-
varin. *Paris, Jannet,* 1853, in-12, cart. toile rouge.

123. Balzac. Les Fantaisies de Claudine. — Th. Gautier.
Celle-ci et celle-là. — L. Gozlan. Comment on se débar-
rasse d'une maîtresse. — Ars. Houssaye. La vertu de Rosine.
Paris, Didier, 1853. — Ensemble 4 vol. in-18, brochés.

124. Carnet d'un Mondain. Gazette Parisienne, par Étincelle. *Paris, Rouveyre*, 1881, in-8, vignettes et figures en couleur.

125. Cham. Parodie du Juif Errant, par Ch. Philippon et L. Huart. *Paris, Aubert, s. d.*, in-18, 300 vignettes par Cham, demi-rel. mar. rouge.

126. Les Cent Nouvelles nouvelles. *Paris, Delahays*, 1858, in-12, cart. toile verte.

127. Crébillon fils. Lettres de la marquise de M*** au comte de R***. *La Haye*, 1746, 2 tomes en un vol. in-12, v. gr. tr. dorées. (Armes.)

128. Alf. Delvau. Au bord de la Bièvre. *Paris, Pincebourde*, 1873, in-12. br.

129. Des Perriers. Le Cymbalum Mundi, précédé des Nouvelles Récréations et joyeux devis, avec notes de P. L. Jacob. *Paris, Delahays*, 1858, in-12, cart. toile verte.

130. Gessner. Œuvres complètes. *S. l. n. d. (Cazin)*, 3 vol. in-18, portrait et frontispice, v. porph. fil. tr. dor.

131. J. de Goncourt. Une Voiture de masques. *Paris, Dentu*. 1856. — Les Hommes de lettres. *Paris, Dentu*. 1860, 2 vol. in-18. brochés

132. Histoire amoureuse de Pierre Lelong et de Blanche Bazu, suivie de la Rosière de Salency (par de Sauvigny). *Paris, Ruault*. 1778, in-8, figures et vignettes, v. porph. fil. tr. dor.

133. Hitopadésa, ou l'Instruction utile, avec notes de Lancereau. *Paris, Jannet*. 1855. in-12. cart. toile rouge.

134. Alph. Karr. Les Fées de la mer. *Paris, Blanchard*. 1851, in-8, vignettes de Lorentz. cart. toile de l'éditeur. tr. dor.

Rare.

135. — Histoire d'un Pion. *Paris, Blanchard*. 1854, in-8, vignettes de Séguin, cart. de l'éditeur. tr. dor.

Rare.

136. Marguerite de Navarre. L'Heptaméron des nouvelles.

avec notes de P. L. Jacob. *Paris, Delahays*, 1858, in-12, cart. toile verte.

137. Ch. Nodier. Trésor des Fèves et fleur des pois. *Paris, Hetzel*, 1853, in-8, vignettes de Tony Johannot, broché.

138. D'Ussieux. Nouvelles françoises. *Paris, Nyon*, 1783, 3 vol. in-8, gravures et vignettes de Martini, v. éc. filets.

139. — Le Décaméron françois. *Paris, Nyon*, 1783, 2 vol. in-8, gravures et vignettes de Carême, v. éc. filets.

140. Le Violier des histoires romaines, avec notes de G. Brunet. *Paris, Jannet*, 1858, in-18, cart. toile.

FACÉTIES

141. L'Art de p*** (par Hurtault). *En Westphalie, chez Florent O. (Lille*, 1868), in-8, figures, broché.

142. Béroalde de Verville. Le Moyen de parvenir A****. Introduction par Bern. de La Monnoye.(*Paris, Grangé*),1000700507, 2 vol. gr. in-12, frontispice, v. rac.

143. Corn. Blessebois. Le Lion d'Angélie, avec préface de M. de Montifaud. *Bruxelles, Lacroix, s. d.*, in-8, br.

144. Dialogue des Animaux, ou le Bonheur. *Berlin, Pitra*, 1763, in-8, demi-rel. v. br.

145. Diderot. Les Bijoux indiscrets. *Au Monomotapa, s. d.*, 2 vol. in-12, figures, v. marbré.

146. Lupanie. Histoire amoureuse de ce temps (par C. Blessebois). *Paris, de Marteau*, 1669 (*Bruxelles*, 1870), in-8, cart. toile, non rogné.

147. Maranzakiniana, avec notice par Phil. Junior. *Paris, libr. des Bibliophiles*, 1875, in-16, broché.

148. Le Nouveau Merd***, ou manuel scatologique. *Paris*, 1870, in-8, figures, br.

149. La Nuit et le Moment, ou les Matinées de Cythère. Dialogue (par Crébillon fils). *Londres*, 1768, in-12, demi-rel. v. fauve.

ÉDITION ORIGINALE.

150. Le Sopha, conte moral (par Crébillon fils). *Gaznah, l'an de l'Hegyre*, 1620, 2 tomes en 1 vol. in-12, rel. v. marb.
ÉDITION ORIGINALE.

151. Tabarin. Œuvres, avec les Adventures du capitaine Rodomond. Notes de d'Harmouville. *Paris, Delahays*, 1858, in-16, frontispice, cart. toile verte.

152. Les Triomphes de l'Abbaye des C***, avec notes sur la fête des Fous, par M. de Montifaud. *Paris, libr. des Biblio-philes*, 1874, in-16, broché.

153. Oct. Uzanne. Le Bric-à-brac de l'Amour. *Paris, Rouveyre*, 1879, in-8, eau-forte de Lalauze, br.

154. Meibomii de Flagrorum usu in re Veneria. *Londini*, 1770, in-32, mar. olive, filets et dent. tr. jasp. dor. (*Lortic.*)

Édition rare, en gros caractères avec filets rouges.

155. Titi Petronii Arbitri Satyricon cum notis Variorum, curante P. Burmanno. *Amstelod.*, *Jansonius*, 1743, 2 tomes en 1 fort vol. in-4, frontispice et médailles gravées, vél. bl. filets.

Édition très recherchée. Bel exemplaire.

CONTEURS ITALIENS

156. Alcibiade fanciullo a scola. *Oranges, Yvart*, 1652) *Paris*, 1862), in-8, cart. toile, non rogné.
Papier de Hollande, n° 88. Rare.

157. Dissertation sur l'Alcibiade fanciullo, par un bibliophile français (G. Brunet). *Paris, Gay*, 1861, pet. in-8, br.
Papier de Hollande. Rare.

158. Un point curieux des Mœurs privées de la Grèce (par Oct. Delepierre). *Paris, Gay*, 1861, pet. in-8, br.
Papier de Hollande. Rare.

159. Arnigio. Le Diece Veglie. *Treviso, Deuchino*, 1602, in-4, vél. bl.

160. Bargagli. I Trattenimenti. *Venetia, Giunti*, 1591, in-4, cart. toile grise.

161. Betussi. Il Raverta, dialogo nel quale si ragiona d'Amore. *Vinegia, Giolito,* 1544, in-8, mar. rouge, fil. tr. dor. (*Rel. ancienne.*)

162. La Cazzaria de lo Arsiccio intronato. *Cosmopoli,* 1863 (*Bruxelles, Briard*), in-16, cart. toile, non rogné.

   Papier de Hollande. Très rare.

163. Costo (Tomaso). Le Otto Giornate del Fuggilozio. *Venetia, Barezzi,* 1620, pet. in-8, demi-rel. mar. vert.

164. Mario Equicola. Di natura d'Amore. *Venetia, Bonfadino,* 1587, in-12, vél. bl.

165. Erasto, con XIIII novelle in sette giorni. *Venetia, Rampazetto, s. d.,* in-12, v. gr. filet.

166. Leone medico Ebreo. Dialoghi di amore. *Vinegia, Aldi filii,* 1549, in-8, rel. v. fauve.

167. Marinella (Lucrezia). La Nobiltà e l'Eccelenza delle donne, con i Diffeti e mancamenti degli uomini. *Vinegia, Combi,* 1621, in-8, vél. bl.

168. Marino. Una Notte, o sia un momento di piacer. *Svizzira,* 1800. — Un Monastero nel xviii° secolo. *Constantinopoli,* 1840. — Ens. 2 pièces cart.

169. Paradossi, cioè sententie fuori del comun parere (da Ortensio Lando). *Lione, J. de Millis,* 1550, pet. in-8, vél. blanc.

   Exemplaire de Yemeniz. Rare.

170. Poncino della Torre. Le Piacevoli e ridicole Facetie. *Vinegia,* 1609, in-12, cart.

171. La Retorica delle Monache, arte de loro inganni, etc... *S. l.,* 1672, in-18, v. gr.

172. Sannazaro. L'Arcadia, racconti amorosi. *Venetia, Aldus,* 1534, in-8, mar. rouge, filets, tr. dor. (*Reliure ancienne.*)

   Rare.

GÉOGRAPHIE. — HISTOIRE

173. D'Anville. Géographie ancienne abrégée. *Paris, Merlin*, 1768, 3 vol. in-12, front. et cartes, v. rac.

174. Depping. L'Angleterre. *Paris, Ledoux*, 1828, 6 vol. in-18, cartes et figures, v. br. à comp. filets.

175. Dibdin. Voyage bibliographique, archéologique et pittoresque en France, trad. par Licquet. *Paris, Crapelet*, 1825, 4 vol. in-8, figures, demi-rel. mar. citron.

176. Ortelius (Abraham). Theatrum orbis terrarum. *Antverpiæ*, 1603, frontispice et 118 cartes. — Theatri orbis terrarum Parergon, sive veteris geographiæ tabulæ. *Antverpiæ, Bruman*, 1603, frontispice et 47 cartes, 2 tomes en 1 fort vol. in-fol. vél. blanc cordé, fil. tr. dor.

Bel exemplaire d'un ouvrage très rare avec le Parergon.

177. D'Argenson. Notes pour l'histoire des mœurs et de la police sous Louis XIV. *Paris*, 1866, in-12, papier teinté, broché.

178. Bussy-Rabutin. Histoire amoureuse des Gaules, suivie de la France galante, avec notes de Poitevin. *Paris, Delahays*, 1858, 2 vol. in-12, cart. toile verte.

179. Chronique de la Pucelle, ou Chronique de Cousinot, suivie de la Chronique normande de P. Cochon, avec notes de Vallet de Viriville. *Paris, Delahays*, 1859, in-16, cart. toile verte.

180. Fromageot. Annales du règne de Marie-Thérèse. *Paris, Prault*, 1775, in-8, figures de Moreau, v. éc. fil. tr. dor.

181. Magen. Les deux Cours et les Nuits de Saint-Cloud. — Le Pilori. *Bruxelles et Paris*, 1852-1871, 2 vol in-18, br.

182. Pasquier (Estienne). Les Recherches de la France. *Paris, Billaine*, 1665, in-fol. portrait, v. br.

183. Prudhomme. Les Crimes des reines de France.... jusqu'à

Marie-Antoinette. *Londres,* 1792, in-8, frontispice et gravures, demi-rel. v. gr.

184. Vie privée du cardinal Dubois (par Mongez). *Londres, s. d.,* 3 vol. pet. in-18, demi-rel. v. violet.

   Portrait et fig. coloriées. Rare.

185. Julien. Les Césars de l'empereur Julien, trad. par le baron de Spanheim. *Amsterdam, l'Honoré,* 1728, in-4, frontispice, gravures et médailles de Bern. Picart, demi-rel. mar. rouge, non rogné.

186. Pomponii Melæ de Situ orbis libri tres. *Glascuæ, Foulis,* 1752, in-8, v. f. fil.

187. Suetonii Tranquilli Opera, cum commentariis Pitisci et cum iconiis. *Leowardiæ, Halma,* 1714, 2 vol. in-4, frontispice, fig. portraits et médailles, vél. bl.

188. C. Cornelio Tacito. Opere, testo e traduzione di Bern. Davangati. *Padova, Comino,* 1755, in-4, v. gr.

189. Tito Livio Padovano. Le Deche delle Istorie Romane, trad. da Jac. Nardi. *Venetia, Giunti,* 1554, in-folio, vél. blanc.

ARCHÉOLOGIE. — NUMISMATIQUE

190. Bartoli (Pietro Santo). Gli antichi Sepolcri, overo Mausolii Romani et Etruschi. *Roma, Ant. de Rossi,* 1697, in-fol. frontispice et 110 planches, v. brun.

191. Boettiger. Les Furies, d'après les poètes et les artistes anciens. *Paris, Delalain, an X-*1802, in-8, fig. coloriés, demi-rel. mar. rouge, avec coins.

   Rare.

192. Cambry. Monuments celtiques, ou recherches sur le culte des pierres. *Paris, Johanneau, an XIII-*1805, in-8, figures, v. marb.

193. Ciacconius. De Triclinio, sive de modo convivandi apud priscos Romanos. *Amstel. Wetstenius,* 1689, in-12, front. et figures, vél. blanc.

194. Du Choul. Discorso sopra la castrametatione dei Romani

e i Bagni antichi. *Lione, Rovillio,* 1555, in-4, fig. sur bois, demi-rel. vél. bl.

195. Ficoroni (Franc. de'). I Tali ed altri Instrumenti lusorii degli antichi Romani. *Roma, Ant. de Rossi,* 1734, in-4, figures, demi-rel. vél. bl.

196. — Dissertatio de Larvis scenicis et figuris comicis antiq. Romanorum. *Romæ, Ant. de Rubeis,* 1750, in-4, 85 planches, demi-rel. vél. bl. non rogné.

Grand papier de Hollande.

197. — La Bolla d'oro dei fanciulli romani e dei libertini. *Roma, Ant. de Rossi,* 1782, in-4, figures, demi-rel. vél. bl.

198. J. Potter. Archæologia Græca, sive veterum Græcorum... ritus civiles, religiosi, militares et domestici. *Lugd. Batav., Van der A*ª*,* 1702, in-folio, figures, v. br.

Rare.

199. Spon (Jacob). Recherches des antiquités et curiosités de la ville de Lyon. Nouvelle édition avec notes de L. Regnier et Monfalcon. *Lyon, Perrin,* 1858, in-8, pap. vergé teinté, portr. fig. cart. non rogné.

On a ajouté à cet exemplaire une lettre autographe de Spon à l'abbé Nicaise du 5 avril 1680.

200. Visconti (Ennio Quirino). Iconographie grecque. *Paris, Didot,* 1811, 3 vol. et atlas. — Iconographie romaine. *Paris, Didot,* 1817-1829, 4 vol. et atlas. — Ensemble 7 vol. in-4. et 2 atlas in-plano, de 57 et 64 planches gravées, demi-rel. veau viol.

Ouvrage très estimé.

---

201. Agostini. Gemmæ et sculpturæ antiquæ depictæ. *Franqueræ, Strick,* 1694, in-4, frontispice et 265 planches, vél. bl.

202. Causco de La Chausse. Le Gemme Antiche figurate. *Roma, Komarck,* 1700, in-4, 200 figures, demi-rel. veau marb.

203. Ficoroni (Franc. de'). I Piombi antichi. *Roma, Mainardi,* 1740, in-4, frontispice et figures, vél. bl. fil.

204. — Gemmæ antiquæ litteratæ aliæque rariores. *Romæ,
Monaldini, 1757, in-4, 26 planches, vél. bl.

205. Grille. Catalogue des collections de feu M. Toussaint
Grille d'Angers, antiquités, curiosités, sacellum, 9,000 médailles, etc.... *Angers,* 1851, in-8, br.

> Prix à la main.

206. Longpérier (Ad. de). Notice des Monnaies françaises,
composant la collection de M. J. Rousseau. *Paris,* 1847,
planches. — Monnaies nationales de France, collection
de J. Rousseau. *Paris,* 1861, pl. et prix, in-8, cart.

207. Morblin. Catalogue des Monnaies françaises et étrangères.
Fontenay-le-Comte, 1855, in-8, br.

> Prix à la main.

208. Poey d'Avant. Description des Monnaies seigneuriales
françaises. Essai de classification. *Fontenay-Vendée,* 1853,
in-4, 26 planches gravées, demi-rel. v. vert.

BIBLIOGRAPHIE

209. Brunet (Jacq.-Ch.). Recherches bibliographiques et critiques, sur les éditions originales du roman satirique de
Rabelais. *Paris, Potier,* 1852, in-8, br.

> Grand papier vergé.

210. Melzi. Bibliografia dei Romanzi, Poemi cavallereschi
Italiani, 2ma edizione. *Milano, Tosi,* 1838, in-8, portraits,
cart. toile verte, non rogné.

211. Pallu. Catalogue des livres imprimés de la bibliothèque
de la ville de Dôle. *Dôle,* 1848, 2 vol. in-8, br.

> 4,464 et 2,750 numéros.

212. Rymaille sur les plus célèbres Bibliotières de Paris
en 1649, avec notes de A. de La Fizelière. *Paris, Aubry,*
1869, in-8, br.

> Épuisé et rare.

213. Uzanne. Les Caprices d'un bibliophile. *Paris, Rouveyre,* 1878, in-8, eau-forte de Lalauze, br.

214. Catalogue de la Bibliothèque du duc de La Vallière. *Paris, de Bure,* 1767, 2 tomes en un vol. in-8, rel. v. marb.

5,633 n^{os}. Prix à la main.

215. Catalogue de la Bibliothèque de feu Arthur Dinaux. *Paris, Bachelin,* 1864-1865, 4 parties in-8, br. avec la table et les prix. — Ensemble 8 parties.

11,622 n^{os}.

216. Catalogue de la Bibliothèque scientifique de M. de Jussieu. *Paris, Labitte,* 1857, in-8, br.

4,069 n^{os}.

[Paris. — Typ. Georges Chamerot. rue des Saints-Pères, 19. — 14282.

RED. :

18

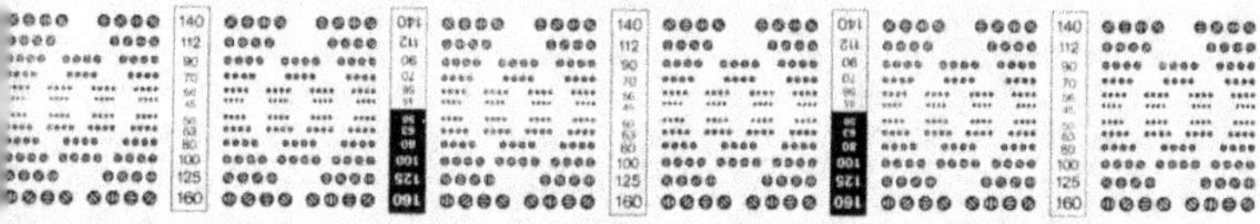

MIRE ISO N° 1

NF Z 43-007

AFNOR

Cedex 7 - 92080 PARIS-LA-DÉFENSE